AF240448

P. VIGNON,
ARCHITECTE,

A LA
CONVENTION NATIONALE,

Sur la nouvelle Salle dans le Palais
des Tuileries.

A PARIS,

DE L'IMPRIMERIE DE CL.-F. CAGNION,
PLACE DAUPHINE, N°. 31.

L'an second de la République française.

P. VIGNON,

ARCHITECTE,

A LA

CONVENTION NATIONALE;

*Sur la nouvelle Salle dans le Palais
des Tuileries.*

***

CITOYENS LÉGISLATEURS,

VOTRE religion a été surprise, la fortune publique a été dilapidée, mes talens, ma réputation, mon honneur ont été compromis par le Ministre Rolland; et si la responsabilité des Ministres n'est pas illusoire, le tems est arrivé de l'exercer dans toute sa rigueur; il faut encore que le masque dont quelques intrigans se sont couverts soit arraché, et que les regards du Public soient frappés de leur hideuse laideur.

C'est principalement sur l'Architecte Gisors,

que doit porter tout le poids de la Justice Nationale ; car il vous a trompés : 1º. En n'exécutant pas les Plans qu'il a présentés et que vous avez décrétés : 2º. En augmentant considérablement les dépenses, tant par sa mauvaise foi, que par son ignorance : 3º. En privant journellement plus de cinq cens Citoyens d'assister à vos séances : 4º. Enfin, en vous promettant votre Salle pour le 1ᵉʳ. Novembre dernier.

Si après des délits aussi graves envers la Nation, on en peut citer de particuliers, je l'accuse d'avoir rempli les fonctions de Juge et de Concurrent dans cette affaire ; d'être devenu plagiaire, en s'emparant et faisant exécuter tout ce qui lui convenoit dans mon plan.

On se rappelle que plusieurs Architectes présentèrent des Plans pour l'établissement de la Salle de la Convention dans le Palais des Tuileries ; que le Ministre de l'Intérieur, chargé de faire prononcer sur cette espèce de concours, choisit pour Juges les citoyens *Heurtier*, *David*, *Boullet*, *Restout*, et *l'Abbé le Bossu*.

Leur rapport fut en faveur de mon projet ; l'Assemblée législative, en décrétant son exécution, fixa, d'après mes devis, le *maximum* de la dépense à 300,000 l. et en laissa la disposition au Ministre , sous sa responsabilité.

D'après les ordres qu'il me donna , j'appellai des Entrepreneurs connus par leurs talens , et par leur solidité : le Décret étoit du 15 Septembre , et j'avois promis la Salle pour le 1er. Novembre suivant ; je n'avois pas un instant à perdre ; et tandis que d'un côté je m'occupois dans mon cabinet des détails , de l'autre je pressois la démolition des Salles de spectacles : le Ministre vint lui-même plusieurs fois encourager les Ouvriers ; mais changeant tout-à-coup de langage , il me donna ordre de suspendre.

Je ne tardai pas à connoître d'où partoit le coup qui venoit de m'être porté ; la jalousie des Architectes *Heurtier* , *Boulet et Gisors* , avoit eu le tems de s'aigrir , de s'agiter , de méditer un plan de perfidie , dont l'horreur et la honte vont enfin retomber sur eux : ils persuadèrent au Ministre que sa responsabilité alloit être compromise ; que jamais les 300,000 livres décrétées ne suffiroient à la dépense ; que mon Projet , d'ailleurs , manquoit de solidité , que j'altérois celle des Corps de Bâtimens dont je disposois , que je m'écartois des Dessins que j'avois remis , que je démolissois des escaliers qu'on seroit forcé de reconstruire (1) etc. Enfin, ils abusèrent tellement de leur crédit sur l'esprit du Ministre, qu'il me dénonça au Public, et à vous, Législateurs, comme un homme qui avoit entraîné la Nation dans des dépenses considérables ; démarches dont il aura long-tems à se repentir ; car après vous être fait rendre compte des faits, vous décrétâtes le 25 Octobre qu'il me seroit accordé des indemnités, et certes, ce n'est pas ainsi que vous traitez ceux qui ont démérité de la Patrie.

En vain, j'avais répondu d'une manière victorieuse à toutes ces allégations ; en vain le Citoyen Pétion, alors Président de la Convention, présenta-t-il au Ministre une soumission des Entrepreneurs de la Salle, de l'exécuter pour les 300,000 livres décrétées ; plus, l'abandon des démolitions, objet d'environ 50,000 livres, au moyen de cette soumission qui vous fut lue et déposée au Comité d'inspection ; la responsabilité de Rolland étoit bien à couvert, et cependant il fut inaccessible à tout,

____

(1) Cet escalier se trouvoit placé à l'endroit où est maintenant la porte qui communique de la salle des Gardes à celle de la Liberté ; il falloit donc l'abattre, ou faire passer par la fenêtre.

et cumulant les injustices , il m'ordonna de me retirer , pour mettre à ma place l'Architecte Gisors , l'un de mes Juges.

C'est alors que je vous présentai ma Pétition ; vous la renvoyâtes au Comité des Inspecteurs, pour en rendre compte sous trois jours.

C'étoit l'époque du renouvellement des Comités ; celui des Inspecteurs ne put être organisé qu'au bout de plusieurs jours ; mais dès les premiers momens de son activité , il s'occupa de ma réclamation, il invita même le Ministre à venir lui-même faire part des motifs qui l'avoient déterminé à m'évincer.

Rolland se rendit à cette invitation , et allégua les mêmes raisons que ses agens.

Cette discussion détermina le Comité à nommer des Commissaires pour examiner de nouveau mes Projets.

Les Architectes nommés , furent les citoyens Garrès et Aubert ; ils dressèrent Procès-Verbal de mes Plans , et démontrèrent jusqu'à l'évidence , la fausseté des assertions du Ministre Rolland , ou pour mieux dire , des Architectes qui l'avoient égaré. Ils s'exprimèrent ainsi dans leur rapport : « Le Ministre de l'Intérieur a » donc été trompé par ceux qui lui ont per- » suadé que la suppression de ces piliers étoit

» impossible, puisqu'il est évident que le com-
» ble, supporté par des poteaux substitués
» aux piliers, n'a aucune poussée sur les murs
» de face, qui en sont tellement déchargés,
» qu'ils pourroient être démolis (les murs de
» face) sans occasionner la chûte du comble ».

« Il n'y a donc aucuns dangers, nous l'at-
» testons, à supprimer ces piliers, en y subs-
» tituant les poteaux indiqués ».

Ces Artistes constatèrent de plus par leurs Pro-
cès-verbaux, que l'on arrivoit à ma salle d'Assemblée par le grand escalier du milieu du Palais ;
qu'elle se trouvoit au niveau de l'ancienne
chapelle, dont j'avais fait une Salle des Gardes ;
que cette Salle étoit suivie d'une vaste pièce
destinée à recevoir les Pétitionnaires ; qu'outre
une multitude de dégagemens larges et com-
modes, tant particuliers au Peuple qu'aux
Représentans, il y en avoit un principal par
le Pavillon du Nord ; qu'enfin, j'avois su dis-
poser l'intérieur de ma basilique de manière
à contenir 830 Députés, 200 Suppléans, 100
Admis aux honneurs de la Séance ; et enfin,
1670 places assises pour le Peuple (1).

-----

(1) Je viens de faire graver mon projet ; ceux
qui voudront le connoître, pourront envoyer chez moi,
rue du Cimetière-Saint-Nicolas, et je me ferai un plai-
sir de leur en donner des épreuves.

Seconde Idée, d'un gout plus simple mais inadmissible par le motif que j'en ai donné.

Projet proposé.

Ces mêmes Artistes furent également char-
gés d'examiner le Projet de l'Architecte *Gisors* ;
ils en dressèrent Procès-Verbal, et constatèrent : 1.º. Que sa Salle avoit sa principale
entrée par la galerie basse, donnant sur le
jardin, qu'elle n'en étoit élevée que de cinq
pieds, qu'elle devoit contenir 720 Représentans, 100 Suppléans, 64 Admis aux honneurs
de la Séance, et 1670 Spectateurs assis.

Plus de quinze jours s'écoulèrent, sans que
le Comité pût vous faire son rapport. Pendant
ce tems, Gisors qui avoit été installé en ma
place par Rolland, avec ordre d'aller en avant
sur son Plan qui n'avoit point reçu votre sanc-
tion, qui ne vous avoit pas même encore été
présenté par le Ministre, fit faire plus d'ouvrages dans ce court espace de tems, que
depuis il n'en fit faire en quatre mois ; c'étoit
se préparer le prétexte de vous dire, si vous
ne rapportez le Décret qui a adopté le Plan
de Vignon, et si vous ne décrétez le mien,
vous perdez un tems précieux et beaucoup de
dépenses déjà faites ; d'ailleurs, dans les deux
Projets les avantages sont les mêmes ; et enfin,
le mien contiendra un même nombre de Specta-
teurs que celui qui a été décrété ; c'est-à-dire 1670.

Alors, vous vous trouvâtes en quelque sorte

forcés par ces prétendus avantages, et plus encore par la confiance que vous aviez donnée à ce Ministre, vous rapportâtes le Décret de l'Assemblée législative; vous adoptâtes le Plan de Gisors : vous m'avez accordé par ce même Décret une indemnité que le Ministre régla avec une injustice révoltante; et si je n'eusse toujours craint de vous occuper de mes foibles intérêts, il y a long-tems que je vous en eusse porté mes plaintes.

Je vous épargnerai des détails sur la conduite obscure, basse et tortueuse que les Architectes *Heurtier*, *Boullet et Gisors* ont tenue pour s'approprier ma chose; mais je dois revendiquer ce qui m'appartient dans ce qu'ils ont fait, et vous mettre à portée de juger entr'eux et moi.

Le Décret fut à peine rendu, que Gisors, qui jusques-là n'avoit pas voulu paroître profiter de l'avantage d'avoir été mon Juge, et d'avoir pu compiler mes idées, dépouillant toute pudeur, changea tout-à-coup la disposition de son projet, remonta le sol de la Salle au niveau de la mienne, se servit de la même entrée et de la même sortie, fit précéder sa Salle d'Assemblée du même nombre de pièces indiquées dans mon Plan, et n'y fit d'autres changemens

que l'établissement d'une cloison qui coupe
en deux la Salle qui se trouve intermédiaire
entre celle des Gardes et celle de l'Assemblée.
Il conserva la forme de sa basilique , sans réflé-
chir qu'en en diminuant sa hauteur , il raccour-
cissoit considérablement ses arcades , ne pou-
voit avoir une voûte en berceau , ainsi que
l'indiquoit son Dessin ; et par ce moyen, il
perdoit tout le mérite de sa décoration.

L'adresse qu'il mit à saisir l'instant de s'approprier mes idées , n'empêcha pas que les
changemens qu'elle occasionna ne fussent
très-dispendieux ; car la plus grande partie
des pans de bois de la Salle étoient déjà
taillés ; il fallut les recouper , perdre beaucoup
de bois et de tems ; mais cette considération
ne l'arrêta pas , encore moins l'infamie du
procédé.

On ne peut avoir plus de droit que moi de
réclamer contre le vol que m'a fait l'Architecte Gisors, puisque les Procès - Verbaux
dressés par vos ordres , et les constructions
qui existent, le constatent. Je vous en demande
donc justice ; car qui a déterminé vos suffra-
ges en faveur du Plan Gisors , sinon : 1°. Un
nombre de peuple égal à celui contenu dans
ma Salle : 2°. De la rendre au 1er. Novem-

bre : 3°. Une économie dans la dépense? Quant au nombre de citoyens spectateurs, au lieu de 1670 qu'auroit contenu ma Salle, et qu'un Procès-Verbal constate devoir contenir aussi la sienne, elle n'en contiendra pas plus de 1300 assis. Voilà donc, par la mauvaise foi de Gisors, plus de 500 citoyens journellement privés d'assister aux Séances de la Convention nationale.

Cette réduction de citoyens spectateurs, tient à un système que je n'adopterai jamais, et mon opiniâtreté à le combattre fut peut-être l'origine de mon exclusion.

Quant à l'époque du 1er. Novembre, où la nouvelle Salle devoit être livrée, quatre mois se sont ecoulés depuis ; et qui sait maintenant le jour où vous irez vous y installer?

Relativement à l'économie, il est maintenant prouvé qu'au lieu de 300,000 livres qu'elle devoit coûter, elle en coûtera au moins 5 ou 600,000 livres (1) ; et dans cette somme je ne comprends pas les bois, le moëllon ; enfin, les vieux matériaux de toute espèce provenant tant de la démolition des salle de spectacles, que des

____

(1) La demande de nouveaux fonds, faite à la Convention nationale par une partie des entrepreneurs, ne permet pas d'en douter.

dépôts sur le Carrousel : je ne comprends pas non plus les bois que l'on a fait venir de Versailles, ni les carreaux de marbre pris dans les magasins du Château d'eau, Place de l'Égalité ; tous ces objets sont entrés dans la nouvelle construction, et si leur valeur étoit additionnée avec les 5 ou 600,000 livres, le total présenteroit une somme effrayante, tandis que l'on a vu que pour environ 350,000 livres, il n'a tenu qu'à Rolland de vous donner une Salle qui eût eu 17 pieds plus large que celle qui se construit, qui eût été bien distribuée et où un tiers de plus de citoyens auroient pu tenir commodément assis. Puisque le Ministre, malgré mes efforts pour l'éclairer, pour lui faire éviter le piége dans lequel on l'entraînoit, a voulu persister opiniâtrément dans sa volonté aveugle, *rien ne peut le soustraire à la responsabilité qu'il a reclamée lui-même*, et qui lui a servi de prétexte pour m'évincer avec une dureté et un orgueil que le plus hautain des anciens ministres n'eût pas osé manifester.

J'ai prouvé l'injustice de Rolland ; j'ai prouvé la mauvaise foi de l'Architecte Gisors ; il ne me reste plus maintenant qu'à prouver son ignorance, en rendant compte des vices de construction : cette tâche seroit longue et fas-

tidieuse s'il falloît les détailler tous ; mais quel-
ques-uns suffiront pour l'établir, et tous les
Constructeurs après y avoir réfléchi, seront in-
dignés de la manière dont il a abusé de la
confiance publique.

Il existe un pan de bois qui sépare le Sallon,
dit de la Liberté, d'avec d'autres pièces ; ce pan
de bois, qui a 48 pieds de longueur, sur 45 de
hauteur, étoit destiné à recevoir quatre planchers,
dont deux de 26 pieds de portée : que fait l'Architecte Gisors ? Il le fit construire de 6 pouces dé-
paisseur, et s'opposa à ce qu'il fût assemblé, ni
chargé : c'est-à-dire qu'il est construit avec de
simples poteaux montans, ajustés à 5 clouds.
Ensuite il fit lever les quatre planchers, dont le
poids étoit considérable. Qu'arriva-t-il ? le poids
et la portée entrainèrent le pan de bois, comme
il étoit facile de le prévoir. Pour éviter l'écrou-
lement de cette construction vicieuse, il fallut
étayer avec la plus grande célérité ; enfin pour
réparer une première sottise par une seconde, il
fit doubler, après coup, ce pan de bois, par un
autre de 9 pouces d'épaisseur, lequel ne fut adapté
sur l'ancien, qu'à force de ceintures et de gros
fers ; et pour cacher le tout, il le fit ravaler.

Il résulte, d'après ce fait que tout le monde
est à portée de vérifier, que ce pan de bois a

environ 17 pouces d'épaisseur, à cause des sinuo-
sités que la charge des planchers lui a fait faire ,
qu'il y entre beaucoup de bois , de gros fer et
de plâtre , et je ne crois pas passer pour exagé-
rateur , en l'évaluant 72 livres la toise , tandis
que pour 42 livres la toise , il eût fait construire
un mur en moëllons , avec chaînes en pierre ,
ce qui auroit été infiniment plus solide , et n'eût
présenté aucun aliment au feu.

Je citerai un dernier fait aussi frappant que
celui-là. Toutes les loges qui doivent contenir
le peuple , ainsi que les pilastres , sont en pans
de bois. Il les a fait doubler et couvrir en plan-
ches de sapin et chêne , assemblées à rainures et
languettes , qui avec les tasseaux et les traverses
d'assemblages coûteront au moins 21 l. la toise ,
tandis que s'il l'eût fait ravaller en plâtre , cela
eût été bien moins dangereux pour le feu et eût
été infiniment plus économique , puisque cela
n'auroit coûté que 3 liv. 8 sous 4 den. la toise;
cet objet est d'autant plus sensible , qu'il y a
5 à 600 toises de cette nature d'ouvrages , et
offre une dépense inutile , même dangereuse ,
de plus de dix à douze mille livres.

Je le dis avec vérité et douleur , cette salle , par
la quantité de bois et de toile qui est entré dans sa
construction , présente les plus grands dangers.

Je viens de vous exposer , Citoyens-Législateurs, avec exactitude l'historique de cette construction vicieuse, j'ai démontré les injustices du Ministre Rolland, les intrigues des Architectes dont il étoit entouré, et les manœuvres qu'ils ont employées pour m'enlever cette affaire et se l'approprier, en la mettant sous le nom d'un de leurs affidés. Je vous demande, au nom de la Loi, que le Ministre soit tenu de payer tout l'excédent de la dépense au-delà des 300,000 liv. décrétées.

Je demande également que l'Architecte Gisors soit responsable solidairement avec le Ministre. L'un et l'autre vous ont menti et trompés ; ils m'ont accusé, ils ont surpris un Décret désastreux, ils ont dilapidé le trésor public, il faut qu'ils le remplissent ensemble des sommes qu'ils en ont fait sortir par leur ignorance et leur mauvaise foi ; il faut plus, attendu qu'ils sont coupables d'avoir voulu priver journellement plus de 500 citoyens d'être présens aux délibérations de la convention, et qu'il existe des moyens de récupérer cette privation à l'aide de quelques changemens dans la décoration de la salle ; il faut, dis-je, qu'ils soient aussi tenus des dépenses que ces changemens occasionneront.

P. VIGNON.

9 782329 075327